AF359212

POSITION DES JUIFS

DANS LE MONDE.

POSITION

DES

JUIFS DANS LE MONDE

ET PARTICULIÈREMENT

EN FRANCE ET EN ALLEMAGNE

Traitant la question de l'enseignement supérieur en Allemagne, nous voulions, tout d'abord, dire quelques mots seulement sur la place qu'y occupaient les Juifs. Mais entraîné insensiblement à faire des recherches sur le rôle que jouait, dans le monde actuel, cette race orientale, nous les avons trouvées assez intéressantes pour les coordonner. Nous prenons la liberté d'en consigner ici le résumé, et nous espérons que la nouveauté ou du moins la variété des documents réunis à cette fin nous feront pardonner l'étendue de cette digression.

Certains lecteurs trouveront peut-être que nous avons donné à cet écrit une couleur trop apologétique. Mais nous, qui avons une foi plus vive et plus intelligente qu'eux, nous croyons que les destinées providentielles des Juifs se sont accomplies quoi qu'on ait fait et s'accompliront quoi qu'on fasse, — que vous les persécutiez et dépouilliez comme jadis, ou que vous les protégiez comme aujour-d'hui en leur accordant l'égalité civile la plus complète.

D'ailleurs il nous semble qu'il est beaucoup plus juste, partant plus généreux et plus adroit de les faire participer aux bienfaits et contribuer au développement de la civilisation. A les en empêcher il n'y a que des inconvénients ; à le leur permettre, il n'y a que des avantages — pour eux et pour nous.

En effet, les en empêchez-vous ? Vous les forcerez peut-être à former une tribu dans chaque nation, un noyau d'opposition contre chaque Gouvernement ; et ils seraient alors pour la société un danger inces-sant et d'autant plus grave qu'ils sont actifs, intelligents et qu'ils ont de l'or — l'*ultima ratio* de ce temps-ci. En outre, vous commettrez un crime de lèse-humanité, d'une part, en laissant se perdre inu-tilement, pour six à sept millions d'hommes qui composent la popu-lation Israëlite, en laissant se perdre les forces vives de l'activité et de l'intelligence humaines, agents de la civilisation ; et, d'autre part, en étouffant, comme en d'autres temps, l'éclosion et le développe-ment des hommes de talent, de génie que Dieu a marqués de son doigt, les choisissant dans toutes les nationalités, pour éclairer la marche de l'humanité.

Les laissez-vous, au contraire, prendre part à la vie des sociétés modernes et se fondre dans chaque nation ? Dès lors vous annulez ce danger plus haut signalé et, avantage pour tous, vous donnez à cette population nombreuse, l'occasion, les droits (véritables droits de l'homme !) de manifester dans toute leur expansion cette activité, cette intelligence humaine parfois si féconde en heureux résultats.

Et ce que nous émettons ici, ce ne sont pas de simples vues *à priori*, des probabilités, des suppositions gratuites ; non, car plus loin, comme preuves à l'appui de notre dire, nous montrerons qu'en France, par exemple, où l'émancipation civile leur a été octroyée depuis deux générations seulement, la population Israëlite (80 à

100,000 âmes), qui forme à peine le quart de la population d'un département ordinaire, a fourni cependant plus d'hommes éminents dans toutes les carrières que deux ou trois départements réunis.

Laissons donc les Juifs participer aux bienfaits de la civilisation moderne et participons nous-mêmes au développement qu'ils y apportent. Acceptons franchement les progrès que, chaque jour, ils introduisent dans les diverses branches des connaissances humaines ; et allons applaudir Meyerbeer, comme autrefois nous applaudissions Rachel qui, mieux que tout autre, à su faire revivre les beautés de notre théâtre classique, — toutes choses dont nous aurions été privées, si les us et coutumes d'il y a trois ou quatre siècles subsistaient encore de nos jours à l'égard de leurs coréligionnaires.

En France, depuis 1789 ou plutôt depuis le premier empire, les Juifs, remplissant tous les devoirs de citoyens, en out logiquement tous les droits ; aussi les voit-on arriver aux fonctions les plus élevées. A titre de preuves, nous citerons les Israélites suivants qui ont occupé ou présentement occupent les positions les plus diverses :

M. Anspach, conseiller à la Cour impériale de Paris.

M. Bédarride, président de Chambre à la Cour impériale d'Aix, ancien bâtonnier de l'ordre des Avocats.

M. J. Bédarride, bâtonnier de l'ordre des Avocats à la Cour impériale de Montpellier.

MM. A. Fould, Crémieux, Cerfbeer, membres de la Chambre des députés sous Louis-Philippe.

MM. Goudchaux, Alcan, Ennery, Kœnigswarter, membres de l'Assemblée législative, en 1848.

MM. Léopold Javal, Kœnigswarter, membres de la Chambre des députés actuelle.

MM. Crémieux, ministre de la Justice, Goudchaud, ministre des Finances, en 1848.

M. Achille Fould, actuellement Ministre d'État et de la maison de l'Empereur.

M. Maurice Meyer, inspecteur des Écoles primaires.

M. Auguste Widal, professeur à la Faculté des Lettres de Douai.

M. Isidore Cahen, ancien professeur de philosophie, à Napoléon-Vendée.

M. Alcan, professeur au Conservatoire des Arts et métiers, à Paris.

MM. S. Munck, membre de l'Institut.

M. F. Halévy, membre de l'Institut, secrétaire perpétuel dans la section des Beaux-Arts.

M. Ad. Franck, membre de l'Institut, membre du Conseil de l'instruction publique, professeur au Collége de France.

Se sont distingués en outre dans la musique :

MM. Halévy, Jules Cohen, Alkan, Émile Jonas, Offenbach, Seligmann.

Dans la peinture et la sculpture :

MM. Lehman, Adam Salomon, Ulmann.

Dans le journalisme, les lettres et les sciences :

MM. Léon Gozlan, Alexandre Weil, Louis Ratisbonne, Horn, Cahen, Cohen, Bloch, d'Ennery, Gerson, Lévy, Wogue, Albert Cohn, Salvador, Auguste Terquem, Daniel Stauben.

Dans la médecine :

MM. Germain Sec, médecin des Hôpitaux de Paris.

M. Hirtz, professeur-agrégé à Strasbourg.

M. Fano, professeur-agrégé à Paris.

M. Michel Lévy, directeur de l'École militaire du Val-de-Grâce.

Généralement on est habitué à croire, à dire les Juifs peu aptes au service militaire pour lequel ils auraient, affirme-t-on, une grande répugnance. Cependant tout prouve le contraire, dans notre pays du moins. En effet sur 4,000 élèves admis à l'école polytechnique, depuis 1830, plus de 100 appartiennent à la religion israëlite. Ainsi, tandisque la population israëlite forme à peine la 400e partie de la population française, ses membres figurent dans les écoles militaires, dans la proportion d'un 40e. Et qu'on ne s'imagine pas qu'au sortir de ces écoles, ces jeunes gens recherchent de préférence des places dans l'administration des Tabacs, des Ponts et Chaussées ; non, car ils s'en vont bel et bien à l'armée, dans le service actif. Ainsi à l'époque de la guerre d'Italie, l'armée française comptait 140 officiers juifs, parmi lesquels un journal anglais, le *Jewish chronicle*, énumérait :

35 Capitaines ;

3 Chefs d'escadron ;

1 Commandant du génie ;

1 Lieutenant-Colonel ;

2 Majors ;

2 Colonels ;

39 de ces officiers étaient décorés et comptaient parmi eux :

5 Officiers et 5 Commandants de la Légion d'Honneur.

Nous avons souvent entendu dire que, malgré l'état d'oppression dans lequel les Juifs vivaient plus ou moins en Allemagne, ils y montraient pourtant une activité, un développement intellectuels, beaucoup plus considérables qu'en France, où ils jouissent cependant de la liberté commune. Nous avons, croyons-nous , répondu d'une

façon péremptoire à cette assertion, en faisant plus haut l'énumération de leurs principales notabilités françaises ; du reste, nous pouvons rappeler ici, ce que nous avons dit plus haut : parmi nos 86
départements, dont la population particulière dépasse trois et quatre
fois, en moyenne, la population juive, nous doutons fort qu'on puisse
nous en citer un seul qui ait fourni autant d'hommes marquants ,
dans toutes les carrières , que les 80 à 100,000 Israélites français. (1).

Nous doutons également que, proportion gardée, les Juifs aient
en Allemagne, autant de revues, journaux religieux qu'en France,
où ils en comptent quatre :

Les Archives Israëlites, représentant le parti Progressiste ;
L'Univers Israëlite, ... Conservateur ;
Le Lien d'Israël, ... De la fusion ;
La Vérité Israëlite, (2) .... Une sorte d'éclec-
tisme.

---

(1) Nous n'avons pas cité leurs grands financiers, MM. Rothschild, Péraire, Mirès, etc., parce que tout le monde les connaît.

(2) En France , il n'y a qu'un séminaire israëlite, autrefois à
Metz, maintenant à Paris.

On divise les Juifs répandus en Europe, en 3 classes : 1° les Juifs
espagnols et portugais , habitant la Péninsule Hispano-Portugaise,
l'Angleterre et une partie de la France ; 2° les Juifs polonais, qui se
disent descendants des Galiléens et se trouvent en Pologne et dans le
nord de l'Allemagne ; 3° les Juifs allemands, habitant l'Alsace, la
Souabe.

« Malgré le nombre relativement petit de ses fidèles, la religion
juive est fractionnée en un grand nombre de sectes, qui sont toutes
représentées à Jérusalem. Du temps de Jésus-Christ, il n'y avait que
les Sadducéens, les Pharisiens et les Esséniens. Il y a aujourd'hui les

Les Juifs, le seul peuple véritablement cosmopolite, (3), les juifs,
qui ont par conséquent une grande force de résistance, paraissent

Séphardins (les plus nombreux et les plus avancés en fait de civilisation), les Aschkenazim, les Pérouschim, les Chassidin Wolhyniens,
les Chassidin Chabat, les Varsoviens, les Ansché-Hod, sans compter
les Karaïtes, hérétiques, qui ne reconnaissent que la Bible et non le
Talmud, et les Samaritains de Naplouse, qui ne viennent pas à Jérusalem, » *Revue Germanique*, *t. III*, *p.* 191.

Dans quelques villes de l'Allemagne, à Breslau, par exemple, les
Juifs, nous disait-on, sont divisés en deux camps, ayant chacun leur
rabbin : les Progressites et les Conservateurs attachés aux anciens
rites. On nous assurait même qu'à Berlin les Progressites avaient
choisi le dimanche, au lieu du samedi, pour la fête du Sabbat.

(5) C'est un fait au moins curieux que le cosmopolitisme, l'ubiquité
de la race juive, qui s'adapte merveilleusement à tous les change-
ments de climat, alors que d'autres races supportent à peine les
moindres déplacements. Le Juif occupe aujourd'hui, toutes les parties du monde, depuis le 33e degré de l'hémisphère sud, jusqu'au
60e degré de latitude nord. On le trouve en Europe, depuis Gibral-
tar jusqu'en Norvége ; en Afrique, depuis Alger jusqu'au cap de
Bonne-Espérance ; en Asie, de Cochin au Caucase, et de Jafa à
Pékin ; en Amérique, de Montévidéo à Québec ; depuis cinquante en
Australie : et il a déjà fait ses preuves d'acclimatation sous l'équa-
teur, où les populations d'origine européenne, n'ont jamais réussi à
se perpétuer. Il a vécu pendant des siècles, et vit encore aujour-
d'hui, sur le seul point du globe situé à plus de 400 mètres *au-des-
sous* du niveau de la mer, la vallée du Jourdain. En opposition à ce
cosmopolitisme de la race juive, on peut citer le dépérissement crois-
sant de la population européenne, dans toutes les colonies tropicales,
en Egypte et dans d'autres parties de l'Afrique, et d'autre part, l'ex-
tinction graduelle de la race nègre en Egypte, dans le nord de
l'Afrique et dans la plupart des iles tropicales.

Ainsi, pour cette dernière race, la phthisie et la folie se réunis-
sent pour la décimer. Le nombre proportionnel des aliénés, par

néanmoins subir l'influence du milieu intellectuel dans lequel ils vivent. Ainsi, en France, ils auraient plus volontiers l'esprit militaire et politique, comme semble l'indiquer l'énumération faite plus haut de leurs notabilités. En Allemagne, suivant la direction germanique, ils se jetteraient de préférence dans les lettres, dans les sciences.

L'égalité civile dont les Juifs, en France, jouissent si complètement, existe bien encore, pour eux, dans quelques autres pays, mais souvent à un moindre degré ; ainsi aux Etats-Uuis, en Hollande, (1), en Belgique, en Piémont (2), et tout récemment en Angleterre, qui, pour la première fois a accordé, en 1858, l'entrée du Parlement à un Israélite, le baron Lionel de Rothschild ; précédemment l'aldermann Salomons avait été élu, à deux reprises, Lord-maire de Londres.

Dans les autres contrées de l'Europe et de l'Amérique, les Juifs

---

exemple, semble croître d'une façon effrayante, à mesure que les nègres se rapprochent du pôle, comme le témoignent les chiffres suivants :

La Louisiane, compte 1 aliéné sur 4,310 nègres ;
La Caroline du sud, 1 sur 2,477 ;
La Virginie, 1 sur 1,299 ;
Le Massachusetts, 1 sur 43 ;
Le Maine 1 aliéné sur 14 nègres !

En outre , partout où la race juive a été étudiée, jusqu'ici, elle s'est montrée soumise à des lois statistiques de naissances, de décès, de sexes, complétement différentes de celles qui président aux autres nationalités, au milieu desquelles elle vit.

(1) Le premier pays où ils aient obtenu leur émancipation civile-

(2) Deux membres de la famille Avigdor, y ont été nommés dé.putés, depuis 1848.

sont considérés comme des parias et traités comme tels (1). Voulez-vous savoir, par exemple, quel est leur triste sort dans certaines parties de l'empire autrichien ? Lisez ce qu'un magistrat écrivait récemment à ce sujet .

« N'est-ce pas affligeant que, dans la Basse-Autriche, les Juifs ne puissent posséder aucune maison ni propriété foncière, sous peine de confiscation ? Dans l'Autriche, au-dessus de l'Enns et Salzburg, ils n'ont pas le droit de s'établir ni d'acquérir des terres. Il en est de même dans le Tyrol, où quelques familles juives sont exceptionnellement tolérées, et dans tout le gouvernement du littoral. Ils sont absolument exclus de la Styrie, de la Carinthie et de la Carniole.

« En Bohême, le nombre des familles juives du pays est fixé, par la patente du 3 août 1797, à 8,600, et ne peut être augmenté. Ils ne peuvent acquérir certains biens qu'à la condition de les exploiter eux-mêmes, et de même des maisons dans les villes, qu'ils auront construites eux-mêmes. Ils ne peuvent affermer des biens ruraux et exercer des industries dans cette province que sous certaines conditions.

« Des règlements analogues existent en Moravie, où le nombre des familles juives tolérées est de 5,400, comme en Silésie.

« En Dalmatie, ils n'ont ni le droit d'établir leur domicile dans les villes, ni d'acquérir la propriété foncière.

---

(1) Jadis « dans toutes les villes d'Italie les Juifs étaient renfermés dans le Ghetto, et sur la porte de ce séjour de réprobation on avait le soin d'inscrire que le peuple héritier du ciel ne devait avoir rien de commun avec celui qui en avait été déshérité. *Ne populo regni cœlesti hœredi usus cum exhœrede sit.* »

Les Juifs en France, en Italie et en Espagne, depuis leur dispersion jusqu'à nos jours, 1 vol. in-8, 1859, par M. J. Bédarride, bâtonnier de l'Ordre des avocats à la Cour impériale de Montpellier.

« En Vénétie, ils jouissent de l'égalité des droits avec les chrétiens, sauf qu'ils ne peuvent transporter leur résidence dans le pays sans l'autorisation du gouvernement (1). »

En écrivant ceci, il nous revient à l'esprit une des plus tristes impressions de voyage que nous ayons jamais éprouvées, et qui a laissé en nous un souvenir ineffaçable.

C'était en 1852. Nous étions dans la Pologne Autrichienne, à Cracovie, ville universitaire. Ce qui frappa tout d'abord nos regards, le voici : des nobles ruinés promenant sur les boulevards leurs habits râpés ; dans des rues désertes circulaient quelques chars de paysans, plus loin des artisans inoccupés et malheureux ; des églises encombrées, au dehors et au dedans, de mendiants tendant la main d'un air piteux ; de grands hôtels inhabités, les fenêtres fermées ; point d'industrie, pas de commerce ; une morne solitude, l'aspect de la misère partout. Un autre trait de mœurs, la division des castes, venait compléter ce spectacle qui rappelait un autre âge. Cracovie, ville de 45,000 âmes, est séparée en deux parties par la Vistule ; sur la rive gauche habitent 30,000 chrétiens, sur la rive droite 15,000 Juifs. Mais ce sont des Juifs dans toute la laideur et saleté traditionnelles, de véritables Juifs polonais, portant, hommes, femmes, filles, une coiffure, un costume différents de ceux des habitants de la rive

---

(1) H. de Saint-Albin, conseiller à la Cour impériale. *Gazette des Tribunaux*, 16 février 1860, p. 161.

Depuis le 18 février 1860, l'Autriche a accordé à ses sujets juifs le droit de propriété foncière en Bohême, Moravie, Basse-Autriche, Silésie, Hongrie, Wowodie Serbe, Banat de Temes, Croatie, Transylvanie, Dalmatie, Pays du littoral, Gallicie, Bukowine et Grand-Duché de Cracovie. Elle n'a pas encore étendu ce droit aux autres provinces, craignant des conflits des populations chrétiennes avec les Israélites qui y sont en très-petit nombre.

opposée ; bref, c'est un faubourg immonde où grouille une population qui nous rappelait la *Cour des Miracles*, si bien décrite par un de nos romanciers. Nous fûmes — et nous en ressentons encore vivement l'impression — nous fûmes singulièrement affligé de voir ainsi la nature humaine abaissée, avilie, grâce à un préjugé séculaire, grâce à une mauvaise éducation perpétuée pendant une série de générations.

Certaines gens disent systématiquement et répètent à satiété : Quoi qu'on fasse, les Juifs seront toujours de même, ignorants, cupides, crasseux. Tel est le langage habituel que nous entendions journellement en Allemagne, en Hongrie même. — Les Anglais aussi formulaient des accusations analogues contre les Irlandais. — Quand, de parti pris, on veut avilir une classe d'hommes, on les considère et on les traite comme déjà avilis, et ceux-ci ne tardent pas à se croire et à devenir tels : si grande est la souplesse de la nature humaine. Mais si une mauvaise éducation peut rabaisser, avilir l'homme, une race tout entière, une éducation bien dirigée peut tout aussi bien la relever, la réhabiliter. C'est ce qu'on a déjà vu en France, à propos des Juifs, et ce qui pour eux n'est certes pas fini, car, depuis le premier empire, deux générations à peine ont été élevées et vivent, comme il convient à des citoyens, à des hommes.

Il est des esprits qui renient cette grande vérité formulée par Leibnitz : « Livrez-moi l'éducation d'un peuple et j'en ferai ce que je voudrai. » A ces esprits qui, logiquement, soutiendront à propos des Juifs que la meilleure éducation ne peut détruire l'influence de l'hérédité transmettant inévitablement les mauvais instincts, les vices, nous répondrons qu'ils méconnaissent les lois de la physiologie physique aussi bien que les lois de la physiologie morale. L'expérience journalière, en effet, ne constate-t-elle pas que les nègres, par exemple, à la suite d'un croisement répété pendant quatre générations consécutives avec des Européens, finissent par devenir blancs, — et réciproquement, les Européens peuvent en quatre générations devenir complètement noirs. Si la nature physique peut être ainsi transformée, comment donc ne le serait pas la nature morale qui est bien autrement malléable?

Les hommes de talent, les génies qui éclairent l'humanité et la font progresser, ne sont pas si communs que vous deviez les rendre encore plus rares, en ne point favorisant leur éclosion, leur développement (1) dans les classes déshéritées par la fortune, ou dans les

---

(1) Gœthe et Schiller démontrent, par des considérations fort originales, cette nécessité de favoriser le développement de *toutes* les intelligences. Nous donnons ci-après le passage de leur correspondance où ils traitent cette question :

Gœthe à Schiller:

« . . . . et j'ose dire que si la nature est impénétrable, c'est qu'un seul homme est impuissant à la comprendre, bien que l'humanité tout entière le pourrait. Mais cette chère humanité ne se trouve nulle part réunie, la nature a beau jeu pour se dérober à nos regards. »

Schiller à Gœthe:

« Dans votre dernière lettre j'ai été frappé de cette idée, que la nature, bien qu'impénétrable pour un homme isolé, pourrait être comprise par la généralité de tous les individus. Il me semble, en effet, *que rien n'empêche de considérer chaque individu comme doué d'un sens particulier, au moyen duquel il saisirait l'ensemble de la nature d'une façon aussi particulière que cela a lieu avec l'un des cinq sens de l'homme, et qui ne pourrait pas plus se remplacer par autre chose que l'oreille par l'œil, etc.* quel dommage que toutes ces façons particulières de voir et de sentir ne puissent se communiquer sans altération et en entier ; car le langage a une tendance tout à fait opposée à l'individualisme, et les esprits, qui arrivent à se faire entendre de tout le monde, expient d'ordinaire ce succès aux dépens

races avilies par une réprobation séculaire. Cette réflexion, nous sommes doublement autorisé à la faire à propos des Juifs : d'abord à cause de leur nombre qui, dans le monde actuel, s'élève à six ou sept millions (1). — Population peut-être plus considérable qu'à

---

de leur originalité, et perdent par suite, très-souvent, la capacité de percevoir spontanément et avec vigueur les phénomènes. »

Gœthe à Schiller :

« Il n'est donné qu'à tous les hommes ensemble de connaître la nature et d'épuiser ce qui est de la vie humaine. A quelque point de vue que je me place, je n'aperçois dans beaucoup d'axiomes célèbres que l'expression d'une individualité, et la vérité la plus généralement reconnue n'est pour l'ordinaire qu'un préjugé de la masse, dominée par certaines conditions de temps, et que dès lors on peut considérer comme un simple individu. »

(1) Dont 25,000 à Paris et 5,700 à Jérusalem (qui compte en outre 5 à 6,000 musulmans et 3,000 chrétiens).

M. le Dr Boudin qui, dans son *Traité de géographie et statistique médicales*, préfère l'évaluation la plus basse, porte seulement à 3,900,000 le nombre des Juifs répandus sur le globe et distribués de la manière suivante :

Europe...................... 3,238,000
Asie 200,000
Afrique...................... 450,000
Amérique..................... 20,000
Australie 2,000

D'après le même auteur, la France compterait 73,975 Juifs.

Les États-Unis................. 16,576
La Hollande................... 52,518
L'Allemagne entière........... 1,250,000
L'Autriche.................... 749,851

l'époque de la prise de Jérusalem par Titus ; — et en second lieu parce que la nature ne les a nullement dépourvus des dons de l'intelligence. Ils en ont fourni les preuves, ceci est incontestable, dans le négoce où les rejetait exclusivement pendant des siècles leur inégalité civile, et fréquemment aussi dans la philosophie, les arts, les sciences, même dans des temps d'oppression, à plus forte raison depuis leur émancipation. Ceci, nous l'avons démontré pour les Israélites français, plus loin nous le démontrerons également pour ceux de l'Allemagne.

Il est encore un autre argument que l'on invoque pour prolonger indéfiniment la séquestration des Juifs dans une sorte de Ghetto de la vie civile.

Parmi les libres penseurs il en est qui méconnaissent l'unité de l'espèce humaine. Leur ignorance de la physiologie leur fait prendre les diverses *races* humaines pour des *espèces* totalement

La Prusse	226,868
La Galicie	335,071
La Hongrie	249,760
L'Italie entière	37,000
Les États-Romains	12,900
L'Algérie	22,000
Tunis et Tripoli	32,000
L'Abyssinie	50,000
Le Maroc	340,000
La Turquie d'Asie	100,000
La Perse	100,000

En réfléchissant sur cette distribution géographique des Juifs, on est étonné de les voir habiter de préférence les contrées où ils sont le plus opprimés et d'en voir un si petit nombre aux États-Unis, en France qu'ils considèrent pourtant avec raison comme la terre promise de l'égalité des citoyens devant la loi et l'opinion publique.

différentes. (1) A coup sûr ils n'ont pas réfléchi que le triomphe de leur doctrine aurait pour conséquence inévitable de détruire une des plus belles conquêtes des temps modernes : L'égalité naturelle entre tous les hommes, reconnue comme une vérité et traduite pratiquement sur les peuples les plus avancés par l'égalité civile. Ce serait nous rejeter aux serfs du moyen-âge, à l'esclavage antique, aux ilotes de la Grèce, aux castes de l'Inde. C'est bien la peine de s'intituler libres penseurs pour se poser en esprits rétrogrades !

Nous sommes étonné que ces diverses considérations, que nous venons d'émettre, n'aient pas déjà été faites depuis longtemps par les Allemands, nation intelligente pourtant — mais de peu d'initiative. Elles auraient suffi, pensons-nous, pour les faire sortir de l'ornière des préjugés séculaires. Il faut, pour ne pas subir l'influence de ces préjugés, il faut en quelque sorte ne plus en respirer l'atmosphère. Ceci expliquerait peut-être pourquoi les 80,000 Allemands résidant à Paris, abjurant leur antipathie nationale dans ce milieu d'égalité et de lumière, ont récemment nommé pour président de la fête anniversaire de Schiller (10 novembre 1859) un Israëlite, M. le Dr Otterbourg. Un autre Israëlite, Méyerbeer illustrait la fête de son génie, en composant pour la circonstance une *cantate* qui mettait en relief la qualité dominante du maître : l'expression.

Le peu que nous venons de dire fait entrevoir au lecteur qu'elle doit

---

(1) On a vu récemment cette confusion commise — chose étrange — par un professeur de physiologie à l'École de Paris, feu Ph. Bérard. Pour ne pas admettre l'unité de l'espèce humaine, il niait l'axiome fondamental « *La génération témoigne de l'espèce* » et rejettait la loi suivante admise par Buffon et M. Flourens et formulée ainsi par Cuvier : « *Sont de même nature, c'est-à-dire de même espèce, les individus seuls qui peuvent donner des produits capables de se reproduire indéfinime nt.*

être la position des Juifs en Allemagne. Leur état d'oppression, de séquestration varie avec chaque gouvernement. Ainsi dans quelques pays, en Autriche entre autres, il ne peuvent être nommés professeurs qu'après s'être fait baptiser. Tout récemment, le ministre de l'Instruction publique de Vienne vient de publier une ordonnance qui leur permet de se faire recevoir docteurs en philosophie et change la formule du serment prêté à cette occasion.

Dans les quatre villes libres, la séquestration civile doit, selon toutes probabilités, exister pour eux. Nous l'avons présumé en voyant d'autres mesures surannées encore en usage dans ces petits gouvernements ; à titre d'exemple citons un singulier règlement actuellement en vigueur à Francfort-sur-le-Mein et qui nous regarde particulièrement : Ne peuvent exercer la médecine à Francfort que les médecins qui sont, de par leur naissance, *bourgeois* de la ville. Il est vrai d'ajouter qu'un étranger peut devenir bourgeois en épousant une bourgeoise. Ces bons bourgeois d'une ville dite *Libre* ne comprennent-ils donc pas encore que le talent, le génie sont cosmopolites et ne sont point confinés aux barrières de leur octroi ?

En Prusse, les Juifs peuvent être assesseurs, notaires, mais pas juges. Il n'arrivent à être officiers que très difficilement, comme du reste les simples bourgeois ; les nobles seuls ayant d'ordinaire cette prérogative d'un autre âge. (1) Là comme dans le reste de l'Allemagne

---

(1) Il n'y a pas un seul roturier parmi les 56 dignitaires les plus élevés de l'armée prussienne. La Prusse, qui affiche hautement la prétention de marcher à la tête de l'Allemagne, ne marche guère en tête du progrès, comme on le voit, en fait d'égalité civile. Si Napoléon avait suivi de tels errements, de combien de généraux, de maréchaux illustres il aurait privé ses glorieuses armées ! Sur ce point les Turcs s'y prennent d'une autre façon que les Prussiens, les Turcs qui recrutent leurs hommes de mérite indistinctement dans toutes

les Juifs ne peuvent être nommés professeurs qu'après avoir été préalablement baptisés. Cependant une demie exception a été faite récemment à Berlin en faveur de Traube, nommé professeur *extra-ordinaire* de clinique mais avec les honoraires de professeur *ordinaire* (encore une exception). Et à la même époque Frerichs, qui est chrétien, était nommé professeur *ordinaire* au lieu et place de ce même Traube qui a infiniment plus de talent que lui. Qui est-ce qui perd à cette préférence inintelligente ? Les élèves, la science, les malades...

Les Prussiens qui affichent hautement la prétention de marcher à la tête de l'Allemagne devraient justifier cette prétention en marchant tout d'abord en tête du progrès et en répudiant ces préjugés surannés qui les font vivre un ou deux siècles en arrière de certaines autres contrées de l'Europe. La France qui ne fait pas plus acception de nationalité que de religion quand il s'agit d'honorer le talent (1) ,

---

les classes, même parmi leurs esclaves. Chez eux, le titre de *Pacha*, titre de noblesse, n'est accordé qu'à l'homme en particulier et non à ses descendants. Ils n'admettent que la noblesse personnelle, *viagère*, qu'ils considèrent comme étant la seule véritable ; car ils croient avec le poète que

Les fils des héros jamais ne leur ressemblent.

Aussi la noblesse héréditaire leur paraît-elle un tour de faveur imméritée par des gens qui n'ont que *la peine de naître*, suivant l'expression de Baumarchais.

(1) Cette manière d'agir, tout à la fois si noble et si intelligente, n'est pas une des moindres causes assurément qui aient valu au caractère français cette sympathie universelle de la part des nations étrangères , sympathie qui fait que chacune de nos grandes commotions politiques (1789, 1830, 1848) a son retentissement, son écho dans les autres pays de l'Europe. M. de Humbold exprimait ce fait d'une manière piquante, quand il disait à un Français, prenant congé de lui, quelques années après 1848 : « Faites

la France leur a donné récemment une leçon dont ils devraient bien profiter. Le célèbre philologue S. Munk, se voyant refuser l'entrée des bibliothèques de Berlin à cause de sa qualité d'Israëlite, quitta cette patrie inhospitalière, il y a 20 ou 25 ans, et se réfugia à Paris pour y continuer ses études sur les langues orientales. Ses beaux travaux viennent de le faire nommer membre de notre Institut qui déjà possédait à ce titre ses deux savants co-religionnaires, M. Franck et M. Halévy.

A la révolution de 1848, à Berlin, les Juifs se sont montrés les premiers sur les barricardes parce qu'ils avaient le plus de droits à conquérir. On leur en a concédé plusieurs et entre autres celui du mariage avec les chrétiens. Mais depuis, un ministère piétiste le leur a retiré. Qu'arrivera-t-il? C'est qu'à la première révolution les Juifs seront encore les premiers sur les barricades parce que ce sont toujours eux qui auront le plus de droits à conquérir, et le premier de tous les droits dans nos sociétés modernes, l'égalité civile.

Il nous serait difficile de donner la liste des célébrités en tous genres que peuvent réclamer les Juifs allemands, n'ayant pris aucune note à ce sujet : d'autant plus que cette liste serait fort longue, car, si nous en croyons certains renseignements, ils ne compteraient pas moins de cinq cents illustrations dans les arts, les sciences, la philosophie, la littérature ; parmi les rédacteurs des journaux politiques de la Prusse et de l'Autriche, un très grand nombre seraient Israëlites.

Nous nous bornerons donc à citer les noms qui nous reviennent à la mémoire, ou qu'on nous a rappelés, d'abord, parmi les Juifs non baptisés :

---

donc en sorte de bien vous porter dans votre pays. » — Pourquoi donc ? — C'est que, lorsque la France est enrhumée, toute l'Europe éternue. »

. Le poète autrichien Saphir, mort tout récemment ;

Meyerbeer, la plus grande illustration actuelle de l'Allemagne musicale ;

Stern, professeur *ordinaire*, à l'Université de Gœttingue ;

Gustave Weil, professeur *extra-ordinaire* d'hébreu, et bibliothécaire de l'Université de Heidelberg (32) ;

Valentin, professeur *ordinaire* de physiologie à l'Université de Berne ;

Le micrographe Remak, professeur *ordinaire* ;

Traube, professeur *extra-ordinaire* de clinique à Berlin ;

Le syphilographe Behrend, *oberphysicus* (président du Conseil de salubrité), à Berlin ;

Trois rédacteurs en chef de journaux de médecine : le docteur B. Hirschel, à Dresde, le docteur Altschul, à Prague et le docteur Veitmayer, à Leipsick (33) ;

----

(32) M. Gustave Weil, orientaliste distingué, occupe à Heidelberg la chaire d'hébreu, mais seulement à titre de professeur *extra-ordinaire*, avec 200 florins (630 fr.) d'appointements, environ ce que reçoit un des sous-bedeaux, agents subalternes de la police universitaire ; et cela, après avoir été 23 ans bibliothécaire de l'Université, et la publication de nombreux ouvrages, dont un seul sans doute eut suffi à assurer à un chrétien une place de professeur *ordinaire*.

L'enseignement de M. Weil, n'est pas le moins du monde en jeu, puisque le ministre du duc de Bade a exigé qu'il continuât son cours comme par le passé, — c'est-à-dire, sans appointements et sous le titre de professeur *extra-ordinaire*. C'est une nouvelle manière d'exploiter les Juifs inconnue du moyen-âge. Nous recommandons cette mesure économique aux Universités et aux Gouvernements obérés.

(33) Plus loin, nous citerons quelques Israélites qui se sont distingués dans la littérature allemande.

Ensuite, parmi les Juifs baptisés :

Le micrographe Lébert, professeur *ordinaire* de clinique médicale, d'abord à Zurich, puis à Breslau ;

L'écrivain Romberg, professeur *ordinaire* ;

Sigmond, professeur *ordinaire* de clinique syphilitique à Vienne ;

Le docteur Veit, ex-professeur à l'Université de Vienne, actuellement l'un des plus éloquents prédicateurs de l'Autriche ;

Son frère puîné, le docteur Veit, qui l'a remplacé dans la chaire de la même Université.

En terminant, nous' dirons aux Allemands de tous les gouvernements : « Répudiez vos préjugés surannés, en accordant complètement l'égalité civile aux Juifs, qui déjà possèdent si pleinement l'égalité d'intelligence, de talents. — Ce qui n'est plus à démontrer.

« La position sociale qu'ils avaient dans un autre âge, ils ne doivent plus l'avoir dans les temps modernes. Qu'au moyen-âge, ils aient été exclus de la société civile, exclus de l'enseignement, cela se conçoit : alors, les lois de l'Etat étaient celles de l'Église et les sciences étaient subordonnées à la théologie chrétienne. Or, l'Eglise les rejetant de son sein, logiquement, ils devaient être rejetés et de la société et de l'enseignement. Mais à l'heure qu'il est, la séparation entre l'Eglise et l'Etat, devenant chaque jour plus complète, tout comme le divorce entre la théologie et les sciences, il ne serait plus logique d'exclure les Juifs de la Société civile non plus que de l'Enseignement. Si pourtant sur ce dernier point on veut faire une restriction, qu'on leur réserve plus spécialement les sciences naturelles, sans toutefois leur interdire les sciences morales.

« C'est l'éducation qui fait *tout* l'homme, sinon à la première, du moins à la seconde ou troisième génération. Tels vous considérerez, tels vous traiterez les Juifs, tels ils seront. Si vous les méprisez, ils

se montreront dignes de mépris ; si vous les estimez, ils se montreront dignes d'estime. Ce que nous avançons ici, vous pouvez certes
le constater en France, où les Juifs jouissant de tous les droits de
citoyens, seulement depuis deux générations, se sont tellement
transformés , que déjà on ne les distingue plus au milieu de leurs
nouveaux compatriotes. Au dessus de la noblesse de race, il y a donc
deux autres sortes de noblesse : la noblesse du cœur et la noblesse
de l'intelligence qui, désormais, sont appelées à régenter le monde.

« En réhabilitant cette race orientale si active, si intelligente,
vous favoriserez l'éclosion de talents, de génies peut-être, qui illus-
treront la nationalité allemande, comme l'ont fait Schiller, Gœthe,
Meyerbeer, etc., etc. » (1)

---

(1) C'est le cas ici, de rappeler à l'adresse des Gouvernements
allemands quelques nobles paroles que prononça en faveur des
Israélites, au Parlement de 1833, lord Macaulay, — ce *défenseur-né*
de tous les opprimés et qui, tour à tour, lutta pour l'abolition de
l'esclavage des noirs, et l'émancipation des Irlandais et des Juifs :

« ..... On nous dit encore que les Juifs sont une race inférieure,
une race sordide et une race cupide ; qu'ils sont hostiles à toute honorable tentative ; qu'ils ne savent ni semer, ni moissonner ; qu'ils
n'ont plus ni bétail, ni troupeaux ; que l'usure et ses pratiques cons-
tituent la seule habitude d'Israël, et qu'en son âme il n'y a place
pour aucun sentiment élevé. Ce fut, en vérité, dans chaque âge, le
raisonnement des bigots. Ils ne manquent jamais d'invoquer en faveur de la persécution les vices qu'engendre cette persécution même.
l'Angleterre n'a été pour les Juifs, qu'une marâtre , et nous leur
reprochons de n'être que de froids patriotes pour cette Angleterre.
Nous les traitons comme des esclaves, et nous nous étonnons qu'ils
ne nous regardent pas comme des frères. Nous les rejetons dans des
occupations basses, et nous nous étonnons de ce qu'ils n'embrassent
pas des professions honorables. Il leur est défendu de posséder la
terre et on leur reproche de s'appliquer au commerce. Les voies lé-

Ce disant, nous nous adressons plus particulièrement aux Gouvernements qui, en fait de progrès, paraissent vouloir marcher à la tête

---

gitimes de l'ambition leur sont fermées et l'on se plaint de les voir
chercher un refuge dans l'avarice. Pendant des siècles, nous avons
constamment, vis-à-vis d'eux, abusé de la supériorité de nos forces,
et nous sommes dégoutés de les voir s'abriter derrière la ruse, la
ruse défense naturelle et universelle du faible contre la violence du
puissant ! mais, en vérité, Israël a-t-il toujours été une nation de
changeurs, de trafiquants et de capitalistes ?...

« Il sait (l'honorable membre auquel répond l'orateur), il sait,
qu'à l'enfance de la civilisation, quand nos îles étaient aussi sauvages
que la Nouvelle-Guinée, quand les lettres et les arts étaient inconnus
dans Athènes, quand une cabane de chaume marquait à peine la
place où s'éleva Rome, ce peuple méprisé avait ses villes de guerre,
ses palais de cèdre, son temple splendide, et ses flottes marchan-
des, et ses écoles de sainte écriture, ses hommes d'Etat, ses soldats,
ses philosophes, ses historiens et ses poètes. Quel peuple jamais a
plus lutté contre des masses envahissantes, pour son indépendance
et sa religion ? Quelle nation, dans les transes d'une dernière agonie,
a donné preuve plus signalée de ce que peut accomplir un noble dé-
sespoir ? Que si, dans le cours des âges, les descendants opprimés
de ces guerriers et de ces sages ont dégénéré ; que s'ils ont perdu
les qualités de leurs pères ; que si, dépouillés du bienfait des lois,
et courbés sous le joug de la servitude, ils ont contracté les vices
des esclaves et des voleurs, oserons-nous leur en faire un reproche ?
N'y a-t-il pas là, pour nous, au contraire, un sujet de honte et de
remords ? Eh bien ! rendons-leur, enfin, justice, ouvrons-leur toute
grande la porte de cette Chambre, ouvrons-leur l'entrée de ces carrières, dans lesquelles ils pourront déployer et leur habileté et leur
énergie. Tant que pareille chose n'aura pas été faite, ne soyons plus
assez téméraires pour affirmer qu'il n'y a pas de génie parmi les
enfants d'Isaïe, et pas d'héroïsme parmi les descendants des Mac-
chabées.

« En appuyant la motion de mon honorable ami, je défends,

de l'Allemagne. Nous nous adressons également à la Suisse, qui fait partie de la Confédération Germanique, sinon au point de vue politique, du moins au point de vue universitaire ; à la Suisse qui, par conséquent vit dans la même atmosphère d'idées, et partage les mêmes préventions contre les Juifs, et cela, à un degré plus prononcé, car, si nous sommes bien informé, ceux-ci ne peuvent posséder un pouce de terrain sur le territoire des Treize Cantons (1). Que cette petite république ne donne pas occasion de médire des Gouvernements républicains, en fournissant, à ses dépens, de tels exemples d'intolérance et d'inégalité civile. Qu'elle imite sa sœur la république des Etats-Unis où les Juifs, comme tous les autres citoyens, jouissent d'une telle liberté dans ce pays du *Self-Government* qu'ils ont été jusqu'à former une société pour la conversion des chrétiens.

Nous espérons que ces diverses considérations, que nous avons

---

c'est ma ferme croyance, l'honneur et les intérêts du christianisme. Je croirais insulter à cette religion sainte, si j'affirmais qu'elle ne peut se soutenir que par des lois intolérantes. Sans ces lois elle a vaincu le monde, et sans ces lois elle doit triompher dans les siècles. Elle a prévalu sur les superstitions des nations les plus raffinées comme les plus sauvages, sur la mythologie enchanteresse des Grecs comme sur l'idolâtrie sanglante des forêts du nord. Elle a prévalu sur le pouvoir de la politique de Rome. Elle a dompté ces barbares qui avaient comme englouti l'Empire romain. Mais toutes ces victoires ont été gagnées, non par le secours, au contraire en dépit de l'intolérance. L'histoire entière du Christianisme prouve qu'il a peu à craindre du persécuteur comme ennemi, et beaucoup du persécuteur comme auxiliaire. »

(1) Telle était la loi dans la plupart des cantons, mais depuis 1848, la législation a été modifiée à ce sujet, et on nous apprend qu'à Zurich, par exemple, les Juifs ont des propriétés immobilières.

émises pour hâter l'émancipation des Juifs, seront entendues en Allemagne. Nous l'espérons d'autant plus que, déjà dans ce pays, l'opinion publique paraît favorablement disposée en leur faveur : témoins ces concessions qui leur sont faites chaque jour, témoin cette lettre que la *Revue Germanique* recevait récemment de son correspondant de Heidelberg et qu'on nous pardonnera de citer en son entier après l'avoir lue :

« Dieu me garde d'aborder maintenant la question de l'émancipation des Juifs ; elle est épuisée pour moi, — je n'admets plus qu'il en existe une. Cependant je ne veux pas quitter ce sujet sans répondre à des reproches qu'on adresse souvent ici à la population juive, et que je crois injustes.

« On se plaint généralement en Allemagne de l'esprit corporatif des Juifs, de ce qu'ils forment une tribu dans la nation. Ce reproche est fondé et il renferme, il faut l'avouer, un véritable danger pour la société. Elle n'a pas, en effet, d'ennemi plus terrible qu'une corporation qu'elle repousse de la vie commune comme une bande de pestiférés. Mais à qui la faute, je vous prie, aux Chrétiens ou aux Juifs ? Depuis le jour où Mendelsohn, l'apôtre de la tolérance, reprit au siècle dernier l'enseignement moral, rationnel du Talmud de Maïmonides, le médecin de Saladin, et s'efforça, sous l'impulsion des idées nouvelles, d'arracher ses coréligionnaires à l'isolement dans lequel ils avaient vécu jusqu'alors et à les pousser à la conquête d'une position sociale dans l'État, n'a-t-on pas vu toute la partie éclairée de la population juive, qui ne supportait qu'à contre-cœur le despotisme de fanatiques rabbins, se jeter dans la lutte avec une telle ardeur, que l'illustre philosophe, effrayé de son propre succès, se crut obligé de la contenir par la publication de son livre *Jérusalem* ? Toujours repoussés par d'odieux préjugés, les Juifs ne sont ils pas revenus avec persévérance à l'attaque de la position qu'on leur disputait ? Ils ne demandent qu'à prendre place au banquet de la vie allemande, qu'à se fondre dans la nation (1) ; mais une foule de mesquines petites passions tracent autour d'eux une muraille de la Chine et les condamnent à rester sur le pied de guerre, par bataillons serrés.

« D'autres déplorent la large place qu'ils ont conquise sur le Parnasse allemand , car, comme la plupart des villes d'Outre-Rhin, la littérature a sa rue des Juifs. On y lit les noms de *Boerne*, de *Rochel Varnhayeu d'Ense*, de *Heine*, à côté de ceux de MM. *Maurice Hartmann*, *Berthald Anerbach*, *Mosenthal*, *Wolfsohn* ; — j'en passe et des meilleurs. Voulez-vous savoir pourquoi ? Un Allemand, M. Robert Prutz, le directeur du *Musée germaniqne*, vous répondra dans sa récente *Histoire de la littérature contemporaine*.

« Les femmes, dit-il, sont devenues, dans notre littérature, une puissance avec laquelle il faut compter : comme les Juifs, on commence à les rencontrer partout. Que ce rapprochement ne semble pas arbitraire : il existe en réalité. Tous deux, les Juifs et les femmes ne sont pas encore parvenus chez nous, à la possession complète de leurs droits naturels ; tous deux se sentent opprimés, blessés, brutalisés. De là vient qu'il se jettent également avec une ardeur pareille dans les belles-lettres, en partie pour combattre dans le champ clos de la publicité pour leurs droits méconnus , en partie surtout pour trouver dans le commerce idéal avec l'art et la science , une consolation des misères et des injustices de leur existence. C'est une chose triste à dire, mais elle doit être dite, *car c'est une vérité*. »

---

(1) Pour cela, ils devraient abandonner, à tout jamais, certains usages traditionnels conservés encore dans quelques pays ; usages qui regardent leur langage, leur costume, leur coiffure et cette habitude des négociants Israélites de mettre leur enseigne en caractères hébreux.

Le lecteur sera étonné, sans doute, qu'à propos de l'Enseignement universitaire en Allemagne, nous nous soyons étendu aussi longuement sur les Juifs et que nous ayons plaidé aussi vivement leur émancipation civile. Nous n'y avons pourtant aucun intérêt personnel, n'ayant été et, présentement, n'étant nullement leur coréligionnaire. Mais nous avons été entraîné par ce sentiment naturel de commisération que tout homme éprouve pour des malheureux. D'ailleurs, il nous restait dans la mémoire un souvenir triste et pénible, celui de ce *ghetto* polonais plus haut décrit, que nous voudrions voir disparaître à tout jamais. Du reste, il nous a semblé qu'en ce moment, où, en Europe, on parle si favorablement du réveil et du triomphe des nationalités, certains Gouvernements écouteraient plus volontiers ce que nous pouvons dire, au nom de la justice, pour la réhabilitation d'une des plus anciennes familles de l'espèce humaine ; famille contre laquelle, disait Lord Macaulay, on maintient la persécution au nom des vices que cette même persécution a produits et entretient chez elle. En tout cas, nous sommes assuré d'avance de voir notre plaidoyer bien accueilli par nos compatriotes qui sont, par nature, sympathiques à toutes les causes opprimées. Et nous espérons que les Juifs, comme d'autres races ou nationalités persécutées, auront occasion de répéter ce que disaient si justement les Américains par la bouche de Jefferson, à l'époque de la guerre de l'Indépendance : « *Tout homme a deux patries : la sienne d'abord, la France ensuite.* »

Lyon, ce 10 juin 1860.

OUVRAGES DU MÊME AUTEUR :

DE LA JAUNISSE, 1854 ; br. in-8.

TRAITEMENT DES MALADIES CHRONIQUES PAR LE VIN EN ALLEMAGNE. — Gazette médicale de Paris, 1858. — Pour faire suite à l'article de M. le docteur Giraud-Teulon, publié dans le même journal, 1858, sur l'emploi du vin, des alcooliques dans les maladies aiguës en Angleterre.

L'ENSEIGNEMENT CLINIQUE EN ALLEMAGNE, particulièrement à Vienne. — Projet de réforme pour l'enseignement clinique en France, 1858 ; br. in-8.

DU STRABISME CHRONIQUE. Strabisme de l'œil droit ayant duré huit ans (1842-1850), guéri par la jusquiame, 1859 ; br. in-8.

TRAITEMENT DU STRABISME CHRONIQUE. Deux cas de strabisme guéri par le phosphore. Indications du phosphore contre diverses paralysies (publié dans la Gazette médicale de Dresde, *Neue zeitschrift für H. Klinik*, 1860).

SOUS PRESSE :

VOYAGE MÉDICAL EN ALLEMAGNE. Policlinique. Doctrines médicales. Les Universités allemandes. Les professeurs. Les étudiants (mœurs et coutumes). Les Juifs, etc. In-8.

POUR PARAITRE PROCHAINEMENT :

TRAITEMENT DE LA SURDITÉ. Observations de guérison chez des malades âgés de 40 à 60 ans.

Lyon. — Imp. d'Aimé Vingtrinier.